Heike Obermanns

Husserls erste logische Untersuchung "Ausdruck und Bedeutung" und ihre Bedeutung für die neuzeitliche Erkenntnistheorie

GRIN Verlag

Bibliografische Information der Deutschen Nationalbibliothek:

Die Deutsche Bibliothek verzeichnet diese Publikation in der Deutschen National-
bibliografie; detaillierte bibliografische Daten sind im Internet über http://dnb.d-
nb.de/ abrufbar.

Impressum:

Copyright © 1997 GRIN Verlag GmbH
Druck und Bindung: Books on Demand GmbH, Norderstedt Germany
ISBN: 978-3-640-17997-8

Dieses Buch bei GRIN:

http://www.grin.com/de/e-book/108874/husserls-erste-logische-untersuchung-aus-
druck-und-bedeutung-und-ihre

GRIN - Your knowledge has value

Der GRIN Verlag publiziert seit 1998 wissenschaftliche Arbeiten von Studenten, Hochschullehrern und anderen Akademikern als eBook und gedrucktes Buch. Die Verlagswebsite www.grin.com ist die ideale Plattform zur Veröffentlichung von Hausarbeiten, Abschlussarbeiten, wissenschaftlichen Aufsätzen, Dissertationen und Fachbüchern.

Besuchen Sie uns im Internet:

http://www.grin.com/

http://www.facebook.com/grincom

http://www.twitter.com/grin_com

Seminar: Phänomenologie contra Metaphysik?
           Eine Auseinandersetzung zwischen Husserl und Aristoteles

**Referat: Husserls erste logische Untersuchung ›Ausdruck und Bedeutung‹ und
           ihre Bedeutung für die neuzeitliche Erkenntnistheorie**
           13.5. 1997

Referentin: Heike Obermanns

Gliederung:

I. Einleitung: Husserls Grundanliegen in den »Logischen Untersuchungen«

II. Erstes Kapitel: Die wesentlichen Unterscheidungen (§§ 1-16)

   a) Anzeichen

   b) Ausdruck und Kundgabe

   c) Sinngebender und sinnerfüllender Akt

   d) Die ideale (objektive) Ebene

   e) Bedeutung und Gegenstand

   f) Bedeutung und Bedeutungslosigkeit

III. Zweites Kapitel: Zur Charakteristik der bedeutungsverleihenden Akte
    (§§ 17-23)

   a) Phantasievorstellung

   b) Anschauungslose Bedeutung

IV. Drittes Kapitel: Das Schwanken der Wortbedeutungen und die Idealität
    der Bedeutungseinheit

   a) Okkasionelle und objektive Ausdrücke

   b) Die objektive Vernunft

   c) Die Idealität der Logik

V. Schlußbemerkung: Zur Bedeutung des Textes in Rahmen der neuzeit-
   lichen Erkenntnistheorie

Literaturangaben

I. Einleitung: Husserls Grundanliegen in den »Logischen Untersuchungen«

Der zweite Band von Husserls »Logischen Untersuchungen« trägt den Untertitel ›Untersuchungen zur Phänomenologie und Theorie der Erkenntnis‹. Es sind also erkenntnistheoretische Fragen, die Husserl hier klären will. Den Anspruch auf wissenschaftliche Erkenntnis, so die allgemeine Forderung, können nur Aussagen erheben, die dem *subjektiven Meinen* und der einzelnen Erlebnissituation entzogen und statt dessen allgemeingültig, dauerhaft: d.h. *objektiv wahr* sind.

Um die Jahrhundertwende, als die erste Auflage der »Logischen Untersuchungen« erschien, glaubten die Naturwissenschaften, daß ihre Methoden und Ergebnisse dem objektiven Erkenntnisideal entsprechen und daher Wissenschaft par excellence sind. Es war das Zeitalter des Szientismus. Husserl bezeichnet diese Überzeugung jedoch schlicht als naiv. Die Spannung zwischen subjektiver und objektiver Einsicht ist für ihn nicht einseitig aufzulösen. Es gilt vielmehr das, was in der letzten Seminarsitzung schon betont wurde: Es gibt keine Welt ohne mich. Jede Erkenntnis von Gegenständen ›an sich‹ setzt voraus, daß diese dem Bewußtsein gewissermaßen schon ein Begriff sind, daß originäre, subjekt-relative Gegebenheiten die Identifizierung von Sinngehalten ermöglichen (vgl. Held, S.14f.). Das trifft auch auf wissenschaftliche Erkenntnis zu.

Husserls Hauptanliegen ist es daher, die eigentümliche Konstitution von Bewußtseinsleistungen *als Wesensmäßigkeit zu erklären, die allen Aussagen sowohl apriorisch vorgelagert ist als auch während des Denkprozesses nicht thematisiert wird.* Der Text ›Ausdruck und Bedeutung‹ ist daher im Rahmen der Husserlschen Wesenslehre der Denk- und Erkenntniserlebnisse zu sehen, in deren Zentrum die Intentionalität des Bewußtseins steht.

Bezogen auf die Logik geht es Husserl darum, vor allem gegenüber dem Psychologismus seiner Zeit zu betonen, daß psychische Akte (Denken, Urteilen) völlig unabhängig von den logischen Gesetzen vonstatten gehen, Logik daher nicht empirisch oder psychologisch zu begründen ist (vgl. Störig, S. 585f.). Der Tendenz des Psychologismus, alles aus Empfindungen abzuleiten, hält Husserl die logischen Gesetze als *objektives Sein*, als zeit- und raumlose, situationsunabhängige Wahrheiten entgegen, die keine normativen Vorgaben für das Denken darstellen. So ist z.B. aus dem Satz vom Widerspruch nicht abzuleiten, daß keine widersprüchlichen Sätze ausgesagt werden sollen oder können. Das ist sehr wohl möglich und geschieht oft genug. Sondern es besagt, daß eine widersprüchliche Aussage *nicht wahr sein kann*. Insofern sind die logischen Gesetze ›Ideale‹, die unabhängig von ihrer Beachtung und aktuellen Bewußtseinsvollzügen Gültigkeit besitzen. Indem sich das Bewußtsein auf etwas Allgemeines, Ideelles, unabhängig von jeweiligen individuellen Vorstellungen Existierendes richtet, konstituiert sich der Bereich des Sinnes und der Bedeutung, der gegenseitiges Verstehen erst ermöglicht.

Da jedes Urteil und jede Erkenntnis, zumal wissenschaftliche, als sprachliche Aussage präsentiert werden, wählt Husserl einen sprachanalytischen Zugang, um, wie er sagt, »den Blick des phänomenologischen Anfängers auf erste und bereits sehr schwierige Probleme des Bedeutungsbewußtseins (zu lenken)« (Einleitung der Herausgeberin, S.XXXVII). Seine erste logische Untersuchung behandelt daher die Bereiche ›Ausdruck und Bedeutung‹, soweit sie sprachliche Ebenen betreffen, und zählt, wie ich einer Philosophiegeschichte entnehme, »zu seinen wertvollsten Leistungen« (Störig, S.587).

II. Erstes Kapitel: Die wesentlichen Unterscheidungen (§§ 1-16)

Im ersten Kapitel geht es vor allem um die Definition und Abgrenzung der Begriffe *Zeichen, Ausdruck, Gegenstand, Sinn und Bedeutung* im Hinblick darauf, wie sich für das Bewußtsein der Sinn von Aussagen erschließt. Husserls Analysen zum Begriff Zeichen führen ihn sogleich zu einer ersten Begründung des oben dargestellten Unterschieds zwischen Bewußtseinserlebnissen und der idealen Geltung logischer Sätze.

a) Anzeichen

Husserl unterscheidet zwischen Zeichen als *Anzeichen* für etwas und Zeichen, die eine *Bedeutung bzw. einen Sinn ausdrücken.* Anzeichen drücken keinen Sinn aus. Husserl spricht auch von Merkmalen, die, wie z.B. das Stigma eines Sklaven oder die Flagge als Zeichen der Nation, Objekte kennzeichnen oder charakterisieren. Entscheidend ist, daß diese Merkmale den Betrachter motivieren, von ihnen aus die Überzeugung vom Sein anderer Sachverhalte zu entwickeln: also z.B. vom Stigma auf die Sklaveneigenschaft des Betreffenden zu schließen. Diese Hinweise, die zu einem Urteil motivieren, sind aber nicht gleichzusetzen mit einem logischen *Beweis*:

> »Dem subjektiven Schließen und Beweisen entspricht objektiv der Schluß
> und Beweis, bzw. das objektive Verhältnis zwischen Grund und Folge. Diese
> idealen Einheiten sind nicht die betreffenden Urteilserlebnisse, sondern deren ideale
> ›Inhalte‹, die Sätze. Die Prämissen beweisen den Schlußsatz, wer immer diese
> Prämissen und den Schlußsatz und die Einheit beider urteilen mag. Es bekundet sich
> hierin eine ideale Gesetzmäßigkeit, welche über die *hic et nunc* durch Motivation
> verknüpften Urteile hinausgreift und in überempirischer Allgemeinheit alle Urteile
> desselben Inhalts ... als solche zusammenfaßt.« (§3, S.33).

Hier ist also eine erste Unterscheidung zwischen der individuellen Motivation, auf ein Anzeichen hin ein Urteil zu ›erleben‹ und dem logischen Schlußfolgern, das als Beweis überindividuelle Gültigkeit besitzt und das als logisches Gesetz selbst in, wie Husserl sagt, ›ideierender Reflexion‹ zu Bewußtsein gebracht werden kann. Im Falle des Anzeichens ist für Husserl die Erkenntnis eines idealen Zusammenhangs ausgeschlossen; es geht dabei nicht um einen objektiven, notwendigen Zusammenhang zwischen A und B, sondern um persönliche Überzeugungen. Vielleicht kann man auch sagen: Die ›hic et nunc durch Motivation verknüpften Urteile‹ sind Thema der Psychologie, die über sie hinausgehenden dasjenige der Philosophie.

b) Ausdruck und Kundgabe

Von den anzeigenden Zeichen unterscheidet Husserl die bedeutsamen: die *Ausdrücke,* soweit sie sich in bewußter Rede niederschlagen (also keine Gestik, Mimik, wohl aber ›innerer Monolog‹). Sprachliche Ausdrücke sind nun zu unterteilen in ihre ›physische‹ Komponente, d.h. in den artikulierten Lautkomplex oder die Schriftzeichen, und in den Bereich psychischer Erlebnisse, die aus dem Ausdruck ›etwas‹ machen. Auch hier kommt es Husserl darauf an zu betonen, daß diese psychischen Erlebnisse allein nicht ausreichen, um zu klären, wie Ausdrücke zu *logisch sinnvollen* Gehalten werden. Vielmehr ist - zumal bei Namen - zwischen dem Bewußtseinserlebnis der *Kundgabe* und der *Bedeutung* des Namens selbst zu unterscheiden. Für Husserl ist es notwendig, eine »fundamentale Gegenüberstellung der symbolischen Funktion der Bedeutung und ihrer Erkenntnisfunktion zu vollziehen.« [(§ 6, S. 39); wieder wird deutlich die Unterscheidung zwischen *idealer* Geltung - hier der Bedeutung - und dem *individuellen Erlebnis*].

Kommunikation wird möglich durch die in der »physische(n) Seite der Rede vermittelten Korrelation zwischen den zusammengehörigen physischen und psychischen Erlebnissen der miteinander verkehrenden Personen« (§ 7, S. 39). Die Ausdrücke in der kommunikativen Rede stehen als Anzeichen für die Gedanken bzw. die sinngebenden psychischen Erlebnisse des Redenden. Husserl spricht hier von *kundgebender* Funktion der sprachlichen Ausdrücke. Auf seiten des Hörenden findet die Wahrnehmung der Kundgabe statt. Wichtig ist dabei, daß diese Wahrnehmung auf der Ebene der Kundgabe keine *adäquate* Wahrnehmung oder, wie Husserl auch sagt, keine »Anschauung im strengen Sinne« (§7, S. 41) ist, sondern ein »Vermeinen« (ebd.). Denn der Hörende erlebt das Mitgeteilte nicht selbst; er erfährt es aus ›zweiter Hand‹; es bleibt ihm äußerlich: »Es ist der große Unterschied zwischen dem wirklichen Erfassen eines Seins in adäquater Anschauung und dem vermeintlichen Erfassen eines solchen auf Grund einer anschaulichen, aber inadäquaten Vorstellung« (ebd.).

Im ›einsamen Seelenleben‹, im inneren Monolog also, üben Ausdrücke dieselbe sinngebende Funktion aus wie in der Kommunikation - es fällt aber das Element der Kundgabe weg. Daher hält Husserl fest, daß die Bedeutung des Ausdrucks nicht mit seiner kundgebenden Leistung zusammenfallen kann, daß also der Bereich der Bedeutung nicht hinreichend geklärt ist, wenn man ihn bloß der Kommunikation zuordnet. Nicht von einem bestimmten ausgesprochenen oder niedergeschriebenen Wort (einem Zeichen) hängt die Bedeutung ab, sondern von dem Bewußtseinserlebnis eines sinnvollen Ausdrucks.

c) Sinngebender und sinnerfüllender Akt

Der Ausdruck ist also mehr als ein bloßer Wortlaut. Zum Wort als physischem Phänomen hinzu kommen für Husserl »die Akte , welche ihm die B e d e u t u n g und eventuell die a n s c h a u l i c h e F ü l l e geben und in welchen sich die Beziehung auf eine eine ausgedrückte Gegenständlichkeit konstituiert.« (§ 9, S. 44).

Hier spricht Husserl von der *Bedeutungsintention* des Bewußtseins. Er unterscheidet *leere bzw. anschauungsleere und erfüllte* Bewußtseinsakte. Die an den Ausdruck gebundenen bedeutungsverleihenden Akte sind dabei (leere) Bedeutungsintentionen. Akte, die nicht den Ausdruck als solchen betreffen, sondern »in der logisch fundamentalen Beziehung zu ihm stehen, daß sie seine Bedeutungsintention mit größerer oder geringerer Angemessenheit   e r f ü l l e n (bestätigen, bekräftigen, illustrieren) und damit eben seine gegenständliche Beziehung aktualisieren« (§ 9, S.44), nennt er bedeutungserfüllende Akte. Mit dem Terminus Bedeutungsintention will Husserl betonen, daß das Bewußtsein bei der Wahrnehmung eines Wortlauts oder beim Denken selbst *immer schon auf den damit ausgedrückten Sinn gerichtet ist*. Eben dadurch werden bloße Zeichen oder Geräusche zu Ausdrücken: »während wir die Wortvorstellung erleben, leben wir doch ganz und gar nicht im Vorstellen des Wortes, sondern sondern ausschließlich im Vollziehen seines Sinnes, seines Bedeutens.« (§ 10, S. 46).

Die physische Worterscheinung, so sagt Husserl auch, erfährt eine *phänomenale Modifikation*. Durch die Bedeutungsintention wird der Laut- oder Zeichenkomplex mit Sinn versehen und damit zu einem Ausdruck modifiziert. Mit den sinnverleihenden Akten sind dann die erfüllenden, soweit sie stattfinden, verschmolzen.

In der Definition der intentionalen Bewußtseinsakte wird die erkenntniskritische Absicht der Phänomenologie deutlich. Denn es sind für Husserls jeweils Akte des *Vermeinens* und nicht etwa adäquate Erkenntnisse, die einen Gegenstandsbezug herstellen:

»alle Gegenstände und gegenständlichen Beziehungen (sind) für uns
nur, was sie sind, durch die von ihnen wesentlich unterschiedenen Akte des

Vermeinens, in denen sie uns vorstellig werden, in denen sie eben als g e m e i n t e Einheiten uns gegenüberstehen.« (§ 11, S. 48).

d) Die ideale (objektive) Ebene

Die intentionalen Akte liegen notwendigerweise auf der subjektive Seite der Erkenntnis. Diese, wie Husserl sagt, *realen* Akte sind aber bezogen auf *ideale*, d.h. objektive Gegenstände bzw. Inhalte. Die Idealität von Ausdrücken zeigt z.b. sich daran, daß ihre Bedeutung identisch dieselbe bleibt, wer immer und wann danach fragt. Durch Bewußtseinsakte wird der Sinn zwar aktuell realisiert. Aber der Sinngehalt einer Aussage ist nicht identisch mit einem psychischen Erlebnis. Er hat Bestand unabhängig von seiner Kundgabe durch bestimmte Personen. Die Aussage: *Die drei Höhen eines Dreiecks schneiden sich in einem Punkt* hat identisch denselben Inhalt, wer immer sie unter welchen Umständen ausspricht. Daß sie uns situativ auch als objektive Tatsache *erscheint,* wir sie also auch als Urteil hinstellen können, gehört auf die Seite der Kundgabe. Der Sachverhalt selbst enthält nichts Subjektives. Seine Äußerung ist ein jeweils neuer Urteilsakt, verbunden mit der Meinung, hier und jetzt möge sie ihre Richtigkeit haben. Der Inhalt der Aussage bleibt jedoch identisch.

Bei jeder Aussage, so Husserl, sei sie auch falsch oder absurd, »unterscheiden wir von den flüchtigen Erlebnissen des Fürwahrhaltens und Aussagens ihren idealen Inhalt, die Bedeutung der Aussage als die Einheit in der Mannigfaltigkeit.« (§ 11, S. 50).

Idealität oder Objektivität eines Sachverhalts ist für Husserl also nicht gleichzusetzen mit seinem Wahrheitsgehalt. Vielmehr gehört es zum Wesen *jeglichen* Sinngehalts, daß er einen idealen Bestand unabhängig von einzelnen Urteilsvollzügen hat und in ihnen sozusagen nur aufgefunden wird. Aber nur in diesen Urteilsakten, im Vermeinen - dies ist wiederum erkenntniskritisch festzuhalten - kann das Bewußtsein Bedeutung konstituieren.

e) Bedeutung und Gegenstand

Der Bezug auf einen Gegenstand, der mit der Bedeutung eines Ausdrucks verbunden ist, stellt für Husserl einen weiteren analytisch zu differenzierenden Bereich dar. Der Gegenstand selbst, betont Husserl, *fällt niemals mit der Bedeutung zusammen* (§ 12, S. 52). Man kann sich beispielsweise auf denselben Gegenstand mit unterschiedlicher Bedeutung (Inhalt) beziehen, etwa einmal vom Sieger von Jena sprechen, andererseits vom Besiegten von Waterloo. Man kann auch umgekehrt unterschiedliche Gegenstände mit demselben Ausdruck benennen (z.B. Bank als Sitzmöbel oder als Kreditinstitut). Es gibt universelle Namen wie z.B. das Zahlwort Eins, das überall eine identische Bedeutung hat, ohne daß alle Einsen in einer Rechnung identisch gesetzt werden dürften. Sie bedeuten zwar dasselbe, haben aber unterschiedliche gegenständliche Beziehungen. Die vielwertigen (universellen) Namen sind von den vieldeutigen (äquivoken) zu unterscheiden. Daß wir im Einzelfall wissen, was etwa das Wort ›Bank‹ jeweils meint, ist auf einen Wesenszug des Bewußtseins zurückzuführen, den Husserl Apperzeption nennt. Nicht aus dem Empfindungsdatum - dem bloßen Wortlaut - erschließt sich die Bedeutung, sondern durch den Auffassungscharakter, mit dem es das Bewußtsein belegt: es apperzipiert seine jeweilige Bedeutung.

Der im Einzelfall zu bestimmende Gegenstands*bezug* gehört demnach zum Wesen jeden Ausdrucks, ebenso wie die Kundgabe und die Bedeutung. Außerwesentlich ist ihm dagegen eine die Bedeutungsintention *erfüllende* bestimmte Gegenständlichkeit. Der erfüllende Sinn, so Husserl, ist sein »ideales Korrelat« (§ 12, S. 56). Er findet dann statt, wenn sich die Bedeutungsintention in einer aktuellen korrespondierenden Anschauung erfüllt; es kommt zu einer Deckungseinheit zwischen Bedeutung und Bedeutungserfüllung: intendierter und gegebener Gegenstand stehen uns als Einheit gegenüber. Erst dann ist die Ebene bloßen Vermeinens überschritten. Allerdings tritt für Husserl in der Tatsache, daß sich bereits im ›anschauungsleeren‹ Erlebnis die Bedeutung von Ausdrücken konstituiert (eben in der Bedeutungsintention), gerade der Leistungscharakter des Bewußtseins zutage: Der *Akt* verleiht Bedeutung, nicht der Gegenstand.

f) Bedeutung und Bedeutungslosigkeit

Nach alledem ist für Husserl auch die häufige Rede von bedeutungs- oder sinnlosen Ausdrücken einer Revision zu unterziehen. Folgt man seiner Analyse, so kann ein Ausdruck überhaupt nicht bedeutungslos sein, da eine Bedeutung zu seinem Wesen gehört. Nur Zeichen, die eben keine Ausdrücke sind, können danach bedeutungslos sein, wie z.B. »wortartig klingende artikulierte Lautgebilde, wie *Abracadabra*« (§ 15, S. 59), oder auch willkürliche Kombinationen von wirklichen Ausdrücken, z. B. in dem Satz *Grün ist oder.*

Darüber hinaus impliziert die Rede von bedeutungslosen Ausdrücken die Ansicht, daß solche Ausdrücke sich auf keinen existierenden Gegenstand beziehen. Für Husserl kommt es aber bei der Konstitution von Bedeutung »gar nicht darauf an, ob der Gegenstand existiert oder ob er fiktiv, wo nicht gar unmöglich ist.« (§ 15, S. 59). Einen Ausdruck mit Sinn zu gebrauchen, ist für ihn ja zugleich verbunden mit einem Gegenstandsbezug bzw. einer Gegenstands*vorstellung*. Die *Existenz* des Gegenstands kommt für Husserl erst bei der *Erfüllung* des sinnverleihenden Akts ins Spiel. Diese gehört aber, wie oben dargestellt, nicht notwendig zum Gebrauch von sinnvollen Ausdrücken; sie ist deren außerwesentliches Korrelat. Am Beispiel von Ausdrücken wie *rundes Viereck* oder *regelmäßiges Dekaeder* zeigt Husserl auf, daß diese gerade nicht sinnlos sind - sonst könnten wir gar nicht über sie sprechen-, sondern daß sie lediglich eine»apriorische Unmöglichkeit eines erfüllenden Sinnes« (§ 15, S.61) beinhalten, *von der wir nicht wissen könnten, wenn wir uns nicht eine abstrakte Vorstellung von der idealen Möglichkeit oder Unmöglichkeit einheitlicher Veranschaulichung von Ausdrücken machen könnten.*

Als bedeutungslos wird also oft eingestuft, was sich nicht in der erfüllenden Anschauung niederschlägt. Doch sind, so betont Husserl, selbst vollzogene Erfüllungen selten vollkommen. Wenn sie überhaupt stattfinden, illustrieren sie die Ausdrücke meist nur partiell und durch ganz entfernte Anschauungen. Unterscheidet man dagegen die Akte der Bedeutungsintention, d.h. der Bedeutungsverleihung, von denen der Erfüllung, dann ist auch absurden Ausdrücken nicht ihre Bedeutung abzusprechen.

III. Zweites Kapitel: Zur Charakteristik der bedeutungsverleihenden Akte (§§ 17-23)

Nach der ersten Klärung, daß zur Erfassung und Konstitution von Bedeutung nicht notwendig auch Anschauung gehört, wendet sich Husserl einer näheren Beschreibung der ›anschauungsleeren‹ bedeutungsverleihenden Bewußtseinsakte zu. Auch hier differenziert und revidiert er gängige Vorstellungen über Bewußtseinsvorgänge.

a) Phantasievorstellung

So wie für Husserl die Bedeutung von Ausdrücken nicht mit der Anschauung zusammenfällt, so fällt sie auch nicht mit Bildvorstellungen des Bewußtseins zusammen. Es zeugt für ihn vom»zurückgebliebenen Stand der deskriptiven Psychologie« (§ 17, S. 67), wenn diese davon ausgeht, daß sinnvolles Verstehen nur dann möglich sei, wenn wir im Geiste den Ausdrücken entsprechende Phantasiebilder zuordneten. Ausdrücke etwa wie Kultur, Religion, Wissenschaft, Kunst, Differentialrechnung, aber auch weniger abstrakte wie die Namen bekannter Personen oder Städte müssen zu ihrem Verständnis nicht bei jedem Auftauchen von einer bildlichen Vorstellung begleitet werden, auch wenn dies der Fall sein *kann.*

Darüber hinaus können viele Ausdrücke überhaupt nicht angemessen veranschaulicht werden und haben trotzdem ihre Bedeutung, z.B. absurde Ausdrücke. Generell lassen sich geometrische Begriffe, so Husserl, nicht adäquat versinnlichen, man denke nur an den Begriff ›geschlossene Gerade‹. Er weist auch auf Descartes Beispiel des Tausendecks und dessen Unterscheidung zwischen *imaginatio* und *intellectio* hin. Ein Tausendeck kann man sich in der Phantasie nur als ein Gebilde mit ›vielen‹ Ecken vorstellen, und die geschlossene Gerade nur als Krumme: »Überall dient das Bild nur als Anhalt für die *intellectio*. Es bietet nicht ein wirkliches Exempel des intendierten Gebildes« (§ 18, S. 70). Das Bild ist bestenfalls eine Verständnishilfe, aber nicht selbst Bedeutung oder Bedeutungsträger. Die Bedeutung, dies hält Husserl auch einem eventuellen Vorwurf des Nominalismus entgegen, ist auch nicht identisch mit dem Wort: »vielmehr ist das Verständnis da, dieses eigentümliche, auf den Ausdruck bezogene ihn durchleuchtende, ihm Bedeutung und damit gegenständliche Beziehung verleihende Akterlebnis« (ebd., S. 71).

b) Anschauungslose Bedeutung

Hier begründet Husserl näher sein oben schon aufgeführtes Argument, daß Anschauungslosigkeit nicht gleichzusetzen ist mit Bedeutungslosigkeit. Wirklich sinnloses Sprechen wäre nicht anschauungslos, sondern gar kein Sprechen, es wäre gleichzusetzen mit dem Gerassel einer Maschine. Auch im wissenschaftlichen Denken spielen Versinnbildlichungen kaum eine Rolle; wir können »urteilen, schließen, überlegen und widerlegen...auf Grund von ›bloß symbolischen‹ Vorstellungen« (§ 20, S. 73), ohne daß es dabei an Bedeutungs- oder Verständnisbewußtsein mangelte. Dies schließt nicht aus, daß man zur Klärung von Vieldeutigkeiten auf Anschauung zurückgeht oder sich der Anschauung zur vollen Verdeutlichung eines Begriffs bedient. Aber der anschaulich geklärte Begriff meint dasselbe wie der zuvor nur ›symbolisch‹ gebrauchte. Die Bedeutung vollzieht sich nicht durch die Anschauung, sondern durch die Bedeutungsintention.

Evidenz im erkenntnistheoretischen Sinne bedarf nach Husserl zwar der erfüllenden Bedeutung. Dabei kann aber die Frage nach der Existenz von Gegenständen, die den Begriffen entsprechen, außer Spiel bleiben. Der erfüllende Sinn kann auch aus Erkenntnissen bestehen, »für deren Evidenz es der bloßen Vergegenwärtigung der ›begrifflichen Wesen‹ bedarf, in welchen die allgemeinen Wortbedeutungen in vollkommener Weise Erfüllung finden« (§ 21, S. 77).

IV. Drittes Kapitel: Das Schwanken der Wortbedeutungen und die Idealität der Bedeutungseinheit

Thema dieses Kapitels ist die »Unterscheidung zwischen den schwankenden Akten des Bedeutens und den ideal-einheitlichen Bedeutungen, zwischen denen sie schwanken« (§ 24, S. 83).

a) Okkasionelle und objektive Ausdrücke

Als objektive Ausdrücke bezeichnet Husserl Begriffe, deren Bedeutung sich durch ihren lautlichen Erscheinungsgehalt erschließt bzw. an ihn gebunden ist. Sie sind verstehbar unabhängig davon, wer sie in welcher Situation äußert. Dies können auch äquivoke Ausdrücke sein. Der Ausdruck *Bank* ist allein in seinem Sinnzusammenhang verständlich; man muß die Person, die ihn äußert, und ihre Umstände nicht näher beachten.

Wesentlich subjektiv und okkasionell dagegen sind für Husserl Ausdrücke, deren aktuelle Bedeutung sich aus der Gelegenheit, der redenden Person und ihrer Lage erschließt. Nur unter Beachtung der bestimmten Situation kann die Bedeutung konstituiert werden. Der Satz *ich wünsche dir Glück* z.B. differiert im Hinblick auf die gemeinte Person und den Bezugsrahmen der Wünsche von Fall zu Fall. Überhaupt entbehrt jeder Satz, der ein Personalpronomen enthält, jeden objektiven Sinns. Seine jeweilige Bedeutung »kann nur aus der lebendigen Rede und den zu ihr gehörenden, anschaulichen Umständen entnommen werden.« (§ 26, S. 87). Dasselbe gilt für Demonstrativpronomen wie *dies* oder subjektbezogene Bestimmungen wie *hier, dort, oben, unten, jetzt, gestern, nachher* sowie für Ausdrücke für Wahrnehmungen, Überzeugungen, Bedenken, Wünsche, Hoffnungen, Befürchtungen, Befehle. Auf dieser Seite sind die Bedeutungsschwankungen zu verorten.

b) Die objektive Vernunft

Die Bedeutung selbst wurde aber von Husserl als *ideale Einheit* definiert, die keinen Schwankungen unterworfen ist. Es ist daher zu fragen, ob wirklich die Bedeutungen selbst in subjektiv-wechselnde und objektiv-feste Bestimmungen zerfallen. Dies ist für Husserl zu verneinen. Vielmehr ist für ihn der Inhalt einer subjektiv-wechselnden Aussage genauso eine ideal einheitliche Bedeutung wie der Inhalt objektiver Ausdrücke. Denn ideal gesehen ließe sich jeder subjektive Ausdruck durch einen objektiven ersetzen, auch wenn dies faktisch nicht ausführbar ist. Mit anderen Worten, so Husserl, besagt diese Behauptung nichts anderes als die *Schrankenlosigkeit der objektiven Vernunft:*

«Alles, was ist, ist ›an sich‹ erkennbar, und sein Sein ist inhaltlich bestimmtes Sein, das sich dokumentiert in den und den ›Wahrheiten an sich‹. Was ist, har seine an sich fest bestimmten Beschaffenheiten und Verhältnisse, und ist es reales Sein im Sinne der dinglichen Natur, seine fest bestimmte Ausbreitung und Stellung in Raum und Zeit, seine fest bestimmten Weisen der Verharrung und Veränderung. Was aber in sich fest bestimmt ist, das muß sich objektiv bestimmen lassen, und was sich objektiv bestimmen läßt, das läßt sich, ideal gesprochen, in fest bestimmten Wortbedeutungen ausdrücken.« (§ 28, S. 95)

Jedoch müßte man dazu ausreichend exakte Ausdrücke besitzen für alle theoretisch in Frage kommenden Bedeutungen und diese auch mit Evidenz identifizieren können. Von diesem Ideal aber, sagt Husserl, sind wir unendlich weit entfernt. Schon jeder Versuch, ein subjektives Erlebnis in objektiv fester Weise zu beschreiben, ist offenbar zum Scheitern verurteilt.

Festzuhalten ist für Husserl jedoch: Das Schwanken von Bedeutungen ist genau besehen ein *Schwanken des Bedeutens,* also der subjektiven bedeutungsverleihenden Akte. Die Bedeutungen selbst, und dies stellt Husserl als den Zweck seiner Untersuchung heraus, verän-dern sich nicht, sondern liegen sowohl den objektiven als auch den subjektiv ›getrübten‹ Ausdrücken als *ideale Einheiten* zugrunde. [Dies ist wieder der Kern seiner Psychologismus-Kritik: Es besteht ein Gegensatz zwischen dem realen, empirischen Denken als Vollzug und dem Idealen, d.h. der Bedeutung, auf die sich das Denken bezieht. Hier wird deutlich, daß er sich gegen Positionen des Skeptizismus und Relativismus richtet. Die logischen Gesetze gelten für ihn unabhängig davon, ob ein Mensch sie denkt oder nicht oder sie einsichtig findet. Aufgrund dieser Ansicht wurde Husserl vorgeworfen, er vertrete einen ›idealistischen Objektivismus‹ (vgl. Prechtl, S. 25)].

c) Die Idealität der Logik

Die ›reine‹ Logik und damit die Wissenschaft, die zu objektiven Aussagen kommen will, hat es daher für Husserl ausschließlich mit Bedeutungen als idealen Einheiten zu tun. Der theoretische Gehalt von Wissenschaft ist der von okkasionell-subjektiven Zufälligkeiten unabhängige Bedeutungsgehalt von Aussagen. Die Logik ist daher für Husserl »Wissenschaft von den Bedeutungen als solchen, von ihren wesentlichen Arten und Unterschieden sowie von den rein in ihnen gründenden (also idealen) Gesetzen« (§29, S. 98). Damit wendet er sich gegen die, wie er sagt, traditionelle Auffassung, die den Bereich der Logik mit psychologischen Begriffen wie Vorstellung, Urteil, Bejahung, Verneinung, Voraussetzung, Folgerung behandelt. Vielmehr ist für Husserl im Bereich systematischer wissenschaftlicher Theorien »von Urteilen und Vorstellungen und sonstigen psychischen Akten nirgends die Rede« (ebd.). Den objektiven Forscher, sagt Husserl, interessiert nicht das subjektive Verstehen, sondern »der Begriff, der ihm als ideale Bedeutungseinheit gilt, sowie die Wahrheit, die sich selbst aus Begriffen aufbaut« (ebd., S. 99). Die subjektiven Gedankenverknüpfungen des Forschers beziehen sich auf »eine objektive (d.h.sich in der Evidenz ›gegebenen Objektivität adäquat anmessende) Bedeutungseinheit, die ist, was sie ist, ob sie jemand im Denken aktualisieren mag oder nicht« (ebd.). Der Wissenschaftler stellt die Objektivität und Wahrheit nicht zufällig durch seine Gedankengänge her, sondern er *sieht sie ein,* er *entdeckt* sie, weil sie ein ideales Sein unabhängig von individuell-situativen Gedanken hat. Wer wie Hume urteilt, die wahren Überzeugungen der Menschen ließen sich besser an ihren Handlungen ablesen als an ihren Reden, läßt sich für Husserl »in die Irre führen durch die vermeintliche Autorität der Logik mit ihren psychologischen Trugschlüssen und ihrer subjektivistisch verfälschten Terminologie« (ebd., S. 100). Objektive Wissenschaft ist daher für Husserl konstituiert durch den Bezug auf die ideale Geltung der Logik.

(Das vierte Kapitel - Der phänomenologische und ideale Inhalt der Bedeutungserlebnisse - wird aus Zeitmangel weggelassen.)

V. Schlußbemerkung: Zur Bedeutung des Textes in Rahmen der neuzeitlichen Erkenntnistheorie

Die neuzeitliche Erkenntnistheorie hat nach Descartes und Kant eine Problemlage hinterlassen, die zunehmend als Befangenheit im Subjektivismus erlebt wurde: nämlich die vermeintliche Unzugänglichkeit des ›Dings an sich‹. Husserls Psychologismus-Kritik und sein Insistieren auf die objektiv-ideale Geltung der logischen Gesetze sollte der Philosophie einen Ausweg aus der subjektivistischen Sackgasse und ihre Neubegründung als strenge Wissenschaft ebnen. So wurden seine Logischen Untersuchungen, mit denen er berühmt wurde, von seinen ersten Anhängern als befreiende ›Wende zum Objekt‹ aufgefaßt, die der Philosophie ihren gegenständlichen Bezug zurückeroberte (vgl. Held, S. 22); andererseits, wie oben erwähnt, als idealistischer Objektivismus kritisiert (vermutlich von den Vertretern des zeitgleich zur Phänomenologie sich entwickelnden Neukantianismus). Husserl selbst teilte aber die einseitig objektivistische Auslegung seiner Analysen nicht. Denn diese übersieht, daß das objektiv Geltende gerade *in* seinem unabhängigen Gehalt nur zugänglich ist in Bewußtseinsakten, die gebunden sind an situative Denkvollzüge, mögen auch die logischen Gesetze am platonischen Ideenhimmel schweben.

Die Trennung in subjektiv/objektiv will Husserl gerade nicht akzeptieren; ihm geht es um die Lösung der *einen* Wahrheitsfrage in der »Austragung der Spannung zwischen dem objektiv-allgemeinen Ansich und dem Fürmich der Vollzüge in situativen Gegebenheitsweisen« (ebd., S. 21). Der erkenntnistheoretische Bezugsrahmen liegt für ihn gerade darin, den *Zusammenhang* zwischen der Idealität der logischen Gesetze und dem individuellen Denkakt zu klären (vgl. Prechtl, S. 26). Husserl liegt es darüber hinaus völlig fern, die Logik als reine Technik des Aufstellens von Kalkülen, von technischen Anweisungen zum Aufstellen wahrer Aussagen zu begründen, wohin eine objektivistische Auffassung der Logik letztlich führt. Vielmehr, und dies rückt immer mehr ins Zentrum seiner folgenden Schriften, muß die Philosophie die Bindung an die Inhalte der Lebenssituation, in denen sich jemand davon überzeugen kann, ob etwas wahr oder falsch ist, behalten (vgl. Held, S. 21). Das wird zum Hauptthema seiner Krisisschrift, von der wir später noch hören werden.

Quelle:

Husserl, Edmund: Ausdruck und Bedeutung. In: Husserliana Bd. XIX / 1, Logische Untersuchungen. Zweiter Bd.: Untersuchungen zur Phänomenologie und Theorie der Erkenntnis, Erster Teil. Hrsg. v. U. Panzer, Den Haag 1984

Literatur:

Held, K.: Einleitung, in: Husserl, Die phänomenologische Methode, Stuttgart 1985

Prechtl, P.: Husserl zur Einführung, Hamburg 1991

Störig, H.J.: Kleine Weltgeschichte der Philosophie, Frankfurt/M. 1987